HVOR KOMMER PENGENE FRA?

– og sådan tjener du dine egne penge

Illustrator: Rick Audi

JULIE EGHOLM

Hvor kommer pengene fra?

– og sådan tjener du dine egne penge

Hvor kommer pengene fra?
– og sådan tjener du dine egne penge
© 2024 – Julie Egholm
Forlag: BoD – Books on Demand, Hellerup, Danmark
Tryk: BoD – Books on Demand, Norderstedt, Tyskland
Illustrator: Rick Audi

ISBN 978-87-4302-238-1

Indholdsfortegnelse

Forord

Bogen er skrevet for at skabe mere bevidsthed om penge og økonomi hos børn i alderen 8-12 år. Bogen kan være med til at skabe en dialog mellem forældre og børn omkring penge og deres værdi og derigennem aftabuisere og afmystificere emnet penge.

En øget bevidsthed omkring penge i en tidlig alder kan sikre et godt fundament for børnenes interesse for og forståelse af deres økonomiske fremtid.

Bogen her er med til at tage det første skridt i børnenes bevidsthed omkring deres fremtidige mål og drømme og en forståelse af, hvad der i virkeligheden er den største rigdom.

Hvem er jeg?

Julie Egholm

Julie Egholm er uddannet cand.jur. og har en baggrund som databeskyttelsesrådgiver samt IT-og informationssikkerhedschef.

Er mor til to børn på henholdsvis på 13 og 15 år og en lille hund og har stor interesse for privatøkonomi og investering.

Julie håber, at bogen vil være med til at skabe en øget bevidsthed hos børn i alderen 8-12 år omkring penge.

Hun håber at kunne bidrage til, at børn i en tidlig alder begynder at følge simple råd og vaner omkring penge samt får en forståelse for deres eget uendelige potentiale og rigdom. En forståelse heraf er altafgørende for børns økonomiske fremtid og muligheder i livet til at opnå frihed, drømme og mål.

Hvor kommer pengene fra?

1. Pengenes historie

Skal vi bytte?

Engang for længe, længe siden fandtes der ikke penge. Der var ingen pengesedler, og der var ingen mønter, man kunne betale med, hvis man skulle købe noget.

Hm … tænker du nok. Hvordan kunne man så købe mad og andre ting, som man havde brug for?

Man købte ikke tingene – man byttede i stedet for ting og dyr med hinanden. På den måde kunne den ene familie måske få en ged, som kunne lave mælk og ost til dem, og den familie som havde givet geden væk, kunne så i stedet for få et par høns, som kunne lægge æg til dem.

På den måde kunne man bytte sig til alt det, man havde brug, for det vigtigste var, at man kunne få mad og være mæt, når man gik i seng om aftenen.

Mønter og pengesedler

På et tidspunkt fandt man ud af, at det var lidt besværligt at bytte dyr og særligt større ting med hinanden, for man skulle jo slæbe rundt på alt dette, og det var tungt og besværligt.

Så fandt man i stedet på, at det var lettere, hvis man havde noget mindre, som man kunne betale hinanden med, når man handlede, og så fandt man på at lave mønter.

De første mønter i verden

De første mønter i verden blev lavet af kong "Alyattes" i et lille rige, som hed Lydien, i det antikke Grækenland. Her startede man allerede 650 år før Kristi fødsel på at bruge mønter som betalingsmiddel, og på den måde blev det nemmere at handle med varer.

Mønterne var lavet af en blanding af guld og sølv, og der var kun én slags mønter. Værdien blev bestemt af, hvor meget guld eller sølv der var i. Mønterne var metalklumper støbt af ca. 5 gram og stemplet med kong Alyattes' symboler og på den måde kunne man se, at det var ham, der havde udstedt mønterne.

Foto: CC BY-SA, Andreas Mogensen, Den kgl. Mønt- og Medaljesamling, Nationalmuseet.

De første mønter i Danmark

De første danske mønter stammer tilbage fra vikingetiden, og man har fundet mønter i Ribe, som var en stor handelsby i vikingetiden. På mønterne kunne der være trykt billeder af vikingeskibe.

Den første officielle danske mønt kom dog først i år 995, hvor Svend Tveskæg var vikingekonge og regent i Danmark, og hans navn og landets navn blev trykt på mønterne. Det blev starten på dansk mønthistorie.

Foto: CC BY-SA, Søren Greve, Den kgl. Mønt- og Medaljesamling, Nationalmuseet.

Mønter af guld, sølv og bronze

I Danmark fik man en møntlov i 1873. Med loven fik Danmark kronen i stedet for den tidligere rigsdaler.

På det tidspunkt brugte man både guld-, sølv- og bronzemønter til at betale med, når man handlede med hinanden. Som du nok ved, var og er guldmønterne mest værd.

I dag bruger vi ikke guld-, sølv- og bronzemønter til at betale med.

De danske mønter i dag

I dag er mønterne i pungen lavet af en blanding af kobber, nikkel og zink og i sig selv ikke så meget værd, men heldigvis står der på mønterne, hvor meget de er værd. Det er smart, for på den måde ved man, hvor meget man kan købe for dem.

Foto: Danmarks Nationalbank

De første sedler i verden

Godt nok var det smart med de mønter, men metalpenge vejer også og kan blive tunge at slæbe rundt på. Særligt når man rejser rundt i verden for at handle og skal købe meget.

Det smarte med papirpengesedler er jo, at man kan skrive på sedlen, hvor meget den er værd, og tallet kan være lige så stort, som man ønsker, det skal være. Sedlerne vejer næsten ingenting, og derfor blev det lettere at tage rundt i verden og handle uden at bære rundt på alle de tunge mønter.

De første pengesedler blev trykt i Kina omkring år 1000, og på sedlerne var aftegnet mønter, der blev trukket på en snor. Antallet af mønter på sedlen viser således, hvor meget sedlen er værd. Så nu havde verden altså også fået pengesedler.

Foto: Nationalmuseet

De første sedler i Danmark

Den Store Nordiske Krig startede ved, at en række lande, herunder Danmark, gik i krig mod Sverige, og Danmark brugte alle mønterne på at købe våben i udlandet til brug for krigen.

Danmark kom derfor til at mangle mønter og begyndte i stedet at trykke de første pengesedler på papir.

De første sedler blev trykt i 1713 og havde samme værdi som mønterne, men danskerne havde ikke tillid til papirpengene, og derfor blev de inddraget igen i 1728.

Foto: Nationalmuseet

Danmarks Nationalbank

Danmark deltog i Napoleonskrigene (1803-1815), og det kostede Danmark rigtig mange penge. Faktisk kostede det så mange penge, at kong Frederik den 6., som var konge på det tidspunkt, begyndte at trykke alt for mange pengesedler for at få råd til den dyre krig. Det betød, at pengene i hele Danmark mistede deres værdi, og man kunne ikke længere købe så meget for sine penge. Da pengene blev mindre værd, mistede borgerne tilliden til pengesystemet.

Man kan ikke have et pengesystem med pengesedler, hvis der ikke er tillid til værdien af dem.

Derfor oprettede man i 1818 Nationalbanken, som ligger på Kongens Nytorv i København, for at skabe orden i pengesystemet og sørge for, at borgerne igen fik tillid til pengesystemet og pengene.

Foto: Danmarks Nationalbank

I 1819 udstedte Nationalbanken sin første pengeseddel.

Tidligere trykte Nationalbanken selv pengesedler og lavede mønter, men nu har banken lavet en aftale med Frankrig om at levere danske pengesedler og med Finland om at levere danske mønter. Men det er stadig Nationalbanken, der har styr på både sedler og mønter.

Nationalbanken sørger for, at pengesedlerne trykkes på særligt papir, med et billede på, som vi kalder vandmærke, indbyggede romertal og en lille rød, stiplet sikkerhedstråd inde i papiret. Dette er med til at sikre, at sedlerne er ægte, og generelt er det Nationalbankens opgave at sikre, at vi hele tiden kan regne med, at de pengesedler og mønter, vi bruger, har den værdi, de skal have. De holder altså orden i pengesystemet. Det er en tillid, som de stadigvæk værner meget om den dag i dag.

Fotos: Danmarks Nationalbank

2. Findes der pengetræer?

Nu ved vi, at der findes mønter og pengesedler, man kan betale med, hvis man gerne vil købe noget. Og det er jo meget godt, MEN hvis vi ikke har nogen penge, kan vi jo heller ikke købe noget.

Så hvor kommer pengene fra, som vi skal bruge til at købe alt det, vi har brug for, og det, som vi ønsker os?

Måske har du hørt din mor eller far sige "pengene hænger ikke på træerne", og jo, det er jo rigtigt nok.

Illustrator: Rick Audi

Pengene vokser ikke på træerne. Du kan selv gå ud i haven, i parken eller en tur i skoven og se efter. Der er altså ingen træer, hvor der hænger penge på.

Det kunne ellers være smart, hvis bladene på træerne var pengesedler, som man bare kunne plukke og tage med hjem.

Men hvor kommer pengene så fra?

3. Penge og danske traditioner

I Danmark har vi mange skønne traditioner, fester og fejringer, og måske har du ikke tænkt over det, men mange af vores traditioner og festligheder har faktisk også noget med penge at gøre.

Tandfeen

Når du taber en tand, så kan du lægge tanden under hovedpuden om aftenen, inden du skal sove. Måske kommer tandfeen forbi om natten, mens du sover, og lægger en mønt under din hovedpude. Det er ikke alle børn, der har en tandfe, men de, der har, kan altså få penge af tandfeen.

Halloween

I efteråret har vi tradition for at fejre Halloween, hvor børn klæder sig ud i alle mulige faretruende udklædninger og går rundt og banker på dørene til de huse, som har sat et græskar udenfor med lys indeni. Når døren åbnes, råber børnene "Trick or Treat" eller "slik eller ballade" og så får de slik, kager eller penge.

Du kan altså være så heldig, at der er nogen, der deler penge ud, når du går Halloween.

Jul

Når det er jul, skriver børn ofte lange lister over alt det, som de ønsker sig i julegave. Nogle børn får penge i julegave i stedet for legetøj, så de kan spare sammen og købe præcis det, de ønsker sig.

Du kan altså også få penge i julegave juleaften.

Fastelavn

Når det er fastelavn, er der tradition for, at børn går ud og "rasler" på fastelavnssøndag.

Børnene synger " *Fastelavn er mit navn, boller vil jeg have, hvis jeg ingen boller får, så laver jeg ballade*", og de fleste steder kvitterer folk for sangen ved at putte en mønt eller to i raslebøtten.

Det er almindeligt at rasle i forbindelse med fastelavn, og du kan altså få penge, hvis du klæder dig ud og går ud og rasler sammen med de andre børn.

Påske

Til påske mindes man Jesu død og fejrer hans opstandelse. Man spiser påskefrokost, og mange børn er ude at lede efter påskeæg, som påskeharen har lagt i haven, skoven eller andre steder, hvor den kommer forbi.

Påskeharen efterlader sig påskeæg, og det kan være i form af et papæg med flotte malede motiver på og med slik, penge eller begge dele.

Du kan altså være så heldig, at der er penge i påskeægget fra påskeharen.

Fødselsdag

Når du har fødselsdag, bliver du fejret. Måske inviterer du gæster til din fødselsdag, som kommer og fejrer dig. Mange børn skriver lange ønskelister med gaveønsker, men nogle børn ønsker sig penge i gave i stedet for legetøj eller andet, de ønsker sig. Pengene kan bruges til at spare sammen til at købe en større ting. Pengene kan altså også komme fra en gave til din fødselsdag.

Barnedåb

Det er en festlig dag, og forældrene til barnet har ofte inviteret familie og venner til at fejre barnet efter dåben i kirken.

Gæsterne tager fine gaver med til dåbsbarnet, men fordi et lille barn ikke selv ved, hvad det ønsker sig, så er det forældrene, der laver en ønskeliste over ting, som de tænker, at barnet kan få brug for.

Nogle gæster vælger at give penge i dåbsgave. Mor og far kan så gemme pengene, som barnet har fået i gave, indtil barnet bliver større og selv kan være med til at bestemme, hvad pengene skal bruges til.

Det er også blevet mere populært at sætte penge ind på en gavekonto eller give aktier til barnet i dåbsgave.

Du kan altså allerede som helt lille barn få penge i dåbsgave, inden du overhovedet kan forstå, hvad penge er.

Konfirmation

Det er en tradition, at der efter konfirmationen i kirken holdes en fest, så konfirmanderne kan blive fejret af familie og venner.

Til festen kommer gæsterne med gaver, og ofte får konfirmanderne også lidt større gaver end ved andre traditionelle festligheder.

Særligt ved konfirmationer består gaverne ofte af et pengebeløb, da konfirmanderne er så store nu, at de helst selv vil bestemme, hvad de vil købe for pengene, og så kan de jo købe lige præcis det, de ønsker sig.

Det er altså helt sædvanligt, at du får penge i gave til din konfirmation.

4. Lommepenge

Nogle børn får lommepenge af deres mor og far, når de er blevet store nok til at hjælpe til med nogle ting. Måske får du også lommepenge? Det er ikke alle børn, der får lommepenge, og der er stor forskel på, hvor meget man får i lommepenge i forhold til, hvor gammel man er. I alderen 8- 12 år får man i gennemsnit et sted mellem 25 og 50 kr. pr. uge.

Lommepengene gives typisk én gang om ugen eller måske som et samlet beløb én gang om måneden. For at få lommepenge skal børn ofte hjælpe deres mor og far med nogle små opgaver.

Opgaverne kan være:

- gå en tur med hunden
- rydde op på værelset,
- tømme opvaskemaskinen
- gå ud med skraldespanden
- lave mad én fast dag om ugen
- dække bord og rydde af
- smøre egen madpakke
- støvsuge og vaske bilen
- luge ukrudt væk
- samle haveaffald

Du kan altså få penge (lommepenge), hvis du hjælper din mor og far med små opgaver derhjemme.

"Har du penge, så kan du få,
men har du ingen, så må du gå."

Bageren i Nørregade

5. Hvor kommer mors og fars penge fra?

Hvis mor og far skal give dig penge i fx fødselsdagsgave, julegave eller som lommepenge for at lave små opgaver i hjemmet, ja, så har mor og far jo også brug for at få penge et sted fra.

Spørgsmålet er så: Hvor kommer mors og fars penge fra?

De fleste mennesker har et arbejde, hvor de er ansat – det, man også kalder for et job, hvor de hver dag tager hen og arbejder. De tager afsted om morgenen og kommer hjem igen om eftermiddagen eller om aftenen. Så mens du er i skole, så er mor og far på arbejde.

Mor og far bruger meget af deres tid hver dag på jobbet med at arbejde. Jobbet betaler penge til mor og far for den tid, de bruger på arbejdet, hvor de skal lave nogle opgaver.

Ligesom i gamle dage, hvor man byttede dyr og ting med hinanden, så bytter mor og far også med jobbet.

Mor og far giver deres tid til jobbet – ofte 37 timer ugen eller mere, og til gengæld for det får mor og far penge fra jobbet – det, man kalder løn, og den får de typisk én gang om måneden.

På den måde bytter mor og far deres tid med penge.

Mor og far får altså deres penge fra deres job. Du kan også tjene penge, hvis du får et job og bruger tid på at arbejde.

"Penge kan ikke købe lykke,
men de kan købe næsten alt andet."

H.C. Andersen

Sådan tjener du dine egne penge

1. Når du er 8-12 år

Når man er 8-12 år, er man stadig for ung til at få et rigtigt fritidsjob, hvor man bliver ansat i en virksomhed. Men man kan godt have en hobby, lave noget sjovt eller gøre en god gerning og samtidig tjene lidt penge.

Foto: Danmarks Nationalbank

Gode idéer til at tjene penge/ småjobs for 8-12-årige:

Sælge ting på loppemarkedet

Du kan starte med at finde alt det legetøj og tøj, som du ikke længere bruger, og sælge det på et loppemarked. Du har nok som de fleste børn nogle gode ting liggende. Er tingene hele og fine, kan det være en indbringende forretning.

Feriehjælp

I ferieperioder kan du tilbyde at passe naboens kæledyr, fx en hund, kat, marsvin eller fugl. Du kan også tilbyde bare at holde øje med huset, feje havegange og tage posten ind.

Hjælp til ældre mennesker

Spørg dine bedsteforældre eller oldeforældre eller andre ældre, om de mangler hjælp til noget. Der er mange ældre mennesker, der godt kunne bruge lidt hjælp til at handle ind, rive blade sammen i haven, få serveret aftensmaden, fejet havegangen eller taget opvasken.

Salg fra en vejbod

Du kan plukke nogle æbler, ærter, jordbær eller nødder i haven og sælg dem i en bod ud til vejen. Det samme kan du gøre med blomster, som du kan plukke i haven, i skoven eller på en mark og lave til buketter.

Tomme flasker og pant

Det er en rigtig god idé at gå på jagt efter tomme flasker. Dels ligger der ofte rigtig mange tomme flasker i vejkanter og parker. Særligt i forbindelse med arrangementer, fx koncerter, fodboldkampe mv. og gerne ude i det fri vil der være ekstra mange flasker at finde, så hold øje med, hvor der er arrangementer.

Du kan også spørge naboerne og små virksomheder, om de har pantflasker, som de gerne vil af med. Ofte de bliver de glade for, at du vil tage dem, for på den måde slipper de selv for at bruge tid på at køre afsted med de tomme flasker og aflevere dem i en pantmaskine. Her vil du hurtigt kunne tjene mange penge på kort tid og på samme tid gøre andre en tjeneste – også naturen.

Eksempler fra min egen barndom

Vejbod

Da jeg var barn, solgte jeg ærter, jordbær og andet frugt og grøntsager i en bod ud til vejen. Nogle gange også sammen med et par af naboens børn.

Her sælger jeg ærter, hindbær, kirse-bær, gulerødder. løg, salathoveder og rødbeder. Alt sammen fra haven. Jeg var 6 år.

Ude på landet, kommer der ikke så ofte nogen forbi, så jeg havde en lille stol, som jeg kunne sætte mig i, når benene blev trætte.

Jeg er opvokset på en landejendom, så derfor var der masser af ting, der kunne laves for at tjene penge. Bl.a. hjalp jeg mine forældre med at luge ukrudt på markerne i rækkerne, hvor der var plantet juletræer.

Optræde/Lave din egen forestilling

Inviter dine forældre, bedsteforældre, naboer eller venner til at se dig optræde. Måske er du dygtig til gymnastikspring, til at trylle eller til akrobatik, til at synge eller til at spille på et instrument. Tag fx 5 eller 10 kr. i entré for forestillingen og det behøver ikke være en lang forestilling. Gå eventuelt sammen med flere børn, så I måske er 4 eller 5 børn, som hver opfører et nummer. Det kan også være, at du har en hund, kanin, kat, et marsvin eller et andet dyr, som kan lave en sjov ting.

Forplejning til forestillingen

Til forestillingen kan du sælge slik, popcorn eller kage. Du kan bage en kage og sælge et stykke til 5 kr. eller lav en stor gang popcorn og lave dem til små poser til 5, 7 eller 10 kr. pr. pose. Du kan også købe noget slik og lave dine egne slikposer og sælge dem til 5 kr., eller hvad du synes, de skal koste.

Præcis det samme kan du også gøre med drikkevarer. Lav en kande te, kaffe, saftevand eller kakao og sælg til 5 kr. for en kop.

Cirkus

Min bror og jeg lavede cirkusforestillinger, hvor vi klædte os ud som klovne. Vi brugte gyngestativet i haven med trapez til nummeret og kastede hjemmelavede lagkager i hovedet på hinanden.

Vi inviterede vores forældre, vores venner og deres forældre samt naboerne på vejen til at se på. Vi havde også ponyer med i forestillingen.

Min bror og jeg som klovne i cirkus med lagkage i hovedet. Vi var hhv. 11 og 7 år her.

Her er jeg i gang med et trapez-nummer, som også var en del af cirkusforestillingen.

Shetlandsponyen "Blackie" var med i cirkusforestillingen. Det er svært at se, men min lillesøster sidder foran mig. Hun var ca. 2 år på det tidspunkt.

Her står jeg med New Forest ponyern "Zeth" som er pyntet fint med lyserøde fjer til sit nummer.

Her er min bror klædt ud som klovn. Han tager imod penge for entré. Popcorn kan købes for 2 kr. for en pose. Min mor, som står i baggrunden med blå skjorte og hat, var med på alle vores idéer og hjalp med at arangere, organisere og invitere publikum.

Rideklub

Jeg var en rigtig hestepige og var vild med at ride og var så heldig at have mine egne ponyer. Vi lavede vores egen ponyklub og arrangerede stævner i både dressur og spring.

Vi fik ovenikøbet lavet vores egne præmier med logo, og selvfølgelig blev der oprettet en bod, hvor vi solgte kaffe, te, kakao, sodavand, toast, popcorn og slik. Deltagerne til stævnerne var rideveninder fra nær og fjern og deres forældre, samt naboer, som gladeligt kom og så på.

Stævne i Pilevangens Ponyklub – et liv og glade dage.

Premieoverraskelse i en af spring-klasserne. Det er mig på den hvide pony, som hed "Wildly". Jeg er ca. 14 år på det tidspunkt. Min far, som er tømrer, havde bygget muren (springet) i baggrunden, som jeg havde fået i fødelsdagsgave.

Min bror på shetlandsponyen "Blackie" i en af de mindre springklasser. Heste var egent-lig ikke hans store interesse, men manglede vi en deltager i en klasse, så trådte han til og deltog.

Min mormor hjalp til i boden (et legehus), mens vi var inde og ride på banen.

Kulturelle aktiviteter

Du må gerne tjene penge ved at deltage i professionelle ak-
tiviteter som teater- og cirkusforestillinger, være med i et
radioprogram, være med i tv, i en film eller en reklamefilm,
lave modelarbejde, være med i en koncert eller i nogle sær-
lige sportsaktiviteter, inden du bliver 13 år.

Vask og støvsugning af biler

Det kan være svært at få tid til at få
støvsuget og vasket bilen i en travl
hverdag. Derfor er der mange, der godt
kan bruge en hjælpende hånd til det.

Vinduespudsning

Mange mennesker glemmer at få pudset
vinduerne og har en fastansat vinduespudser.
Efter en enkelt dag med blæst, regn og slud
kan de hurtigt komme til at se beskidte ud.
Der er derfor ofte mange, der kan have brug
for en hånd til vinduespudsningen.

Lufte hunde

Mange mennesker tager på arbej-
de om morgenen og kommer først
hjem om eftermiddagen eller afte-
nen. Har man hund, kan det være
tiltrængt med en hjælpende hånd
til at lufte hunden i løbet af dagen,
så den ikke skal holde sig i alt for
mange timer.

Frikort og SKAT

Når du bliver 13 år

Når du fylder 13 år, kan du få et fritidsjob og blive rigtig an-
sat i en virksomhed. Når du er 13 og 14 år, kan dine forældre
oprette et frikort til dig, som betyder, at du kan tjene 49.700
kr. (2024) uden at betale skat.

Som 13-15-årig kan du fx gå med aviser, sætte bøger på plads
i et bibliotek, passe børn, arbejde i en kiosk, grønthandler
eller bagerbutik, slå græs eller hjælpe til på et kontor som
piccolo eller piccoline.

Når du bliver 15 år

Er du over 15 år, kan du få jobs i supermarkeder, restauranter, herunder McDonalds, Tivoli, Bakken mv. Når du fylder 15 år, opretter Skattestyrelsen automatisk et frikort til dig, og du kan stadig tjene 49.700 kr. (2024) uden at betale skat.

Arbejde i private hjem

Indtil du fylder 16 år, kan du arbejde i private hjem **uden** at betale skat af lønnen. Det betyder, at du kan beholde hele det beløb, som du tjener.

Det gælder kun, når du arbejder for private personer som familie, venner og naboer

Du skal heller ikke betale skat af de lommepenge, du får af dine forældre.

Når du bytter din tid for penge

Fælles for alle disse fritidsjobs er, at du typisk får en fast timeløn, dvs. du får et antal kroner pr. time, du arbejder. Jo flere timer du arbejder, jo flere penge tjener du. Du kan altid hurtigt regne din løn ud ved at gange de timer, du arbejder, med den løn, du får pr. time.

Alle mennesker har kun den samme tid i døgnet, altså 24 timer i døgnet, så derfor vil der også altid være et maksimum for, hvor meget du kan tjene, hvis du arbejder på timeløn.

Ligesom når mor og far arbejder, bytter du altså også her din tid for penge.

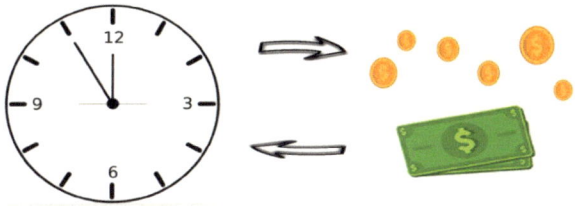

2. Tjen penge på dine egne idéer

Når du skal tjene penge, så behøver du ikke have et job, som fleste har, hvor de er ansat og tager afsted til deres arbejdsplads tidligt om morgenen og kommer hjem om eftermiddagen eller sent om aftenen og på den måde bytter deres tid for penge. Når man er ansat, har man også sat en maksimal grænse for, hvor meget man kan tjene – nemlig enten en fast månedsløn, ugeløn eller timeløn.

I stedet for at være ansat kan du lave din egen forretning og tjene dine egne penge. Her er der ingen grænse for, hvad du kan lave, eller hvad der kan blive en succes. Det er kun fantasien, der sætter grænser. Her er der heller ingen grænse for, hvor mange penge du kan tjene. Du skal blot bruge dit talent og finde din forretningsidé.

Din største rigdom

Alle mennesker er født unikke, og det betyder, at du er født med et særligt talent, som du skal bruge, dyrke og leve ud. De evner, du har fået, skal bruges til noget. Du må finde ud af, hvad dit talent er.

Det betyder også, at du altid vil få dine egne unikke idéer, og de vil altid være anderledes end de idéer, som dine venner og klassekammerater får. Det er ret smart, for på den måde behøver du heller aldrig at tænke på at konkurrere med andre, for jeres idéer er aldrig ens, og hvert menneske er unikt på hver sin måde.

Alle mennesker er født med et uendeligt potentiale og en fantastisk rigdom indeni. Alle de idéer, du får, al din kreativitet, er helt særlig kun for dig. Det er DIN rigdom.

Du skal forestille dig, at du har din helt egen lille skattekiste inden i dig. Idéerne er dit guld, ædelstene og diamanter. Du er født rig. Se at få gjort dine idéer til virkelighed, så du kan bytte dem for penge! Pengene kommer fra dine helt egne idéer og sikrer dig, at dine mål og drømme bliver til virkelighed.

Illustrator: Rick Audi

Du kan altså tjene penge, hvis du bruger din egen rigdom indeni, dine idéer, til at lave noget, som kan gøre en forskel, hjælpe eller glæde andre. Dine idéer er altså din største kilde til rigdom.

Et talent kan blive til flere

Hver eneste gang vi bruger vores evner, så finder vi ud af, at vi har endnu flere. Vi har alle sammen forskellige evner, og det er godt, for der er brug for os alle her i verden.

Nogle er dygtige til at køre på cykel, andre til at spille fodbold, tegne, male, lave keramik, bygge Lego, lave perleplader, tegne, flette hår, bage kager, stå på ski, reparere en bil, skrive historier, være direktør, passe dyr i Zoo, har forstand på strøm eller teknikken i en computer, kan skrive taler, producere musik, fange fisk, passe børn, lave mad, lave skulpturer og keramik, undervise andre, gøre gode handler, beplante en have, servere mad, montere et hjul på en bil, servicere i en butik, designe tøj, ride på heste, bygge fly eller biler, spille computer/game, optræde, være filmskuespiller, spille teater eller noget helt andet.

Alle har et talent og nogle evner. Har du fundet du af, hvad du er god til? Hvad er dit talent? Og hvilke evner har du?

Er du i tvivl om hvad lige netop dit talent er?

Det behøver ikke stå lysende klart for dig lige nu, hvad dit talent er.

Det kan sagtens være noget, du finder ud af hen ad vejen, og husk også, at du sagtens kan starte med ét talent og pludselig opdage, at du har flere talenter, hen ad vejen. Du skal bare i gang.

"Der er altid noget man er god til, man skal bare finde ud af hvad"

Gummi Tarzan, Ole Lund Kirkegaard

Sådan finder du dit talent

Hvad elsker du at lave?

En god måde at starte med at finde dit talent er ved at tænke på, hvad du ELSKER at lave. Når der er noget, vi virkelig godt kan lide at lave eller elsker at lave, så er vi typisk også gode til det. På den måde har du nu taget første skridt i retning af at finde dit talent.

Måske kan du straks svare på, hvad du elsker at lave, men hvis ikke, så start med at tænke over, hvad du godt kan lide at lave, fx

- hvad synes du er sjovt at lave?
- hvad får dig til at blive glad, smile og blive i godt humør?
- hvad synes du er spændende eller hyggeligt at lave?
- hvad får dig til at føle dig godt tilpas?
- hvad drømmer du om at blive eller lave i fremtiden?

Når du spørger dig selv om dette, hvilke billeder ser du så for dig? Og hvad mærker du i kroppen?

Illustrator: Rick Audi

Skriv dine idéer ned

Skriv så alle dine idéer ned på et stykke papir, så du ikke glemmer dem. Det vigtigste er, at du finder på noget, som lige netop DU elsker at lave og brænder for at lave. ❤️

Gem papiret med idéerne godt!

Brug de næste dage på at tage papiret frem og kigge på det igen.

Tag så én idé ad gangen og tænk over, hvordan du kan bruge dit talent og idéen på den bedste måde i forhold til at hjælpe andre mennesker.

Skab værdi for andre

Når du har fundet ud af, hvad dit talent er, og udvalgt en idé, du vil starte med, så vil det næste vigtige skridt være at se på, hvordan din idé kan skabe værdi for andre mennesker.

Hvordan kan din idé skabe en oplevelse, inspiration, glæde eller på anden måde en følelse af noget værdifuldt for andre mennesker? Noget, de kan bruge til noget?

Din idé SKAL skabe værdi for andre mennesker, for at du kan tjene penge på den. Det kan den gøre på uendelig mange forskellige måder.

Eksempler på idéer, der skaber værdi for andre:

- En vinder af bagedysten eller en, som har talent for at bage, opretter en instagram-profil eller en hjemmeside og lægger billeder og opskrifter op af kagerne, så andre mennesker kan få glæde og værdi af billederne og opskrifterne, så de selv kan bage de samme flotte kager.
- En dygtig gamer, som har talent for at spille computerspil, opretter en YouTube-kanal med videoer, hvor der vises tips og tricks til, hvordan man som spiller bliver dygtigere og hurtigere til at klare modstanderen i spillet. Andre mennesker kan få glæde af og værdi af at se de tips og tricks, fordi det kan betyde, at de bliver dygtigere og hurtigere, næste gang de spiller mod andre, og dermed har større chance for at vinde.

- En sanger, som laver et godt musiknummer, deler musiknummeret i en video på YouTube, som får en masse afspilninger, fordi en masse mennesker kan lide at høre musiknummeret, som de får stor værdi af, fordi det får dem til at føle sig godt tilpas.
- En, der er dygtig til at strikke og hækle, opretter en instagram-profil eller en hjemmeside og lægger billeder op af de ting, som vedkommende strikker eller hækler og opskrifter til, hvordan andre kan gøre det samme. Evt. giver personen tips til, hvor man kan købe en god kvalitet garn eller flotte knapper. De, der elsker at strikke og hækle, kan få idéer til, hvad de selv skal strikke og hækle, og spare tid på selv at finde de steder, hvor man kan købe det gode garn og de flotteste knapper.
- En, der er dygtig til at danse, opretter en video på Tik-Tok, som viser de enkelte dansetrin og giver gode råd til valg af den rigtige dansekjole, dansesko, og hvordan man vedligeholder alt udstyret. Alle, der er interesseret i dans, vil få værdi af at se videoerne, så de kan blive bedre til selv at danse og sparer tid til at finde den rigtige kjole og de rigtige sko, og gode råd til vedligeholdelse kan betyde, at man kan bruge udstyret længere og dermed spare penge.
- En anden finder på at designe seje sneakers eller t-shirts, så alle teenagere, der tager dem på, føler, at de ser seje ud, at de ser godt ud, og de føler sig mere selvsikre.

Der er uendelige muligheder for idéer, der kan skabe værdi for andre. Det er kun fantasien, der sætter grænser for, hvad du kan finde på.

Måske ved du allerede præcis, hvad du vil gøre, og på hvilken måde, men hvis du skal tjene penge på din idé, så SKAL den skabe værdi for andre.

Vi bytter stadig med hinanden

Ligegyldigt hvad det er, du laver eller sælger, som skaber værdi for andre – altså ligegyldigt om det er tips og tricks, produkter, opskrifter, billeder og videoer eller andet – så vil der stadig altid skulle ske en byttehandel.

Du giver noget til andre, som de får værdi af – en vare, tjenesteydelse eller en anden service – og til gengæld betaler de så dig nogle penge retur. I bytter altså ydelser. Noget for noget.

Præcis som i gamle dage bytter man altså stadigvæk med hinanden.'

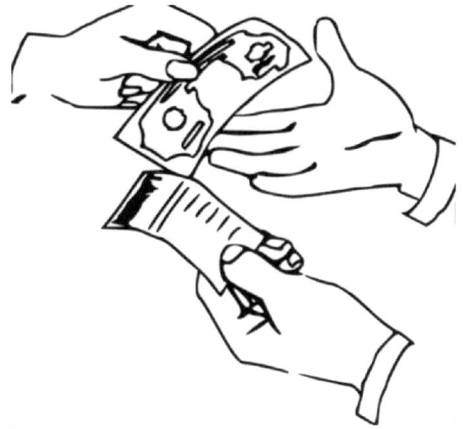

3. Børn og unge som succesfulde iværksættere

Selv i en tidlig alder er det muligt at starte sin egen forretning og blive en succesfuld iværksætter. Med en god idé og godt gammeldags købmandskab kan man nå rigtig langt.

Her får du et par eksempler på børn og unge, der i en tidlig alder har startet deres egen forretning og allerede har fået stor succes.

Julius – startede som 13-årig

I 2022 startede han som 13-årig sin egen virksomhed, "van Overeem Events ApS", og driver sine boder "Julius' bod" på tre stadions – Brøndby, Hvidovre og Valby.

Fra boderne sælger Julius is, kanelgifler, chips, donuts, saftevand og varm kakao samt slush ice.

Overskuddet har han investeret i nye maskiner og festudstyr, som han lejer ud via sin hjemmeside.

Foto: Julius

I 2024 har han startet et franchise-koncept på de danske stadions, så andre unge får mulighed for at blive franchisetager for "Julius' Bod". Man kan nu også booke den 14-årige Julius til et inspirerende foredrag, og han har også været med til at starte Danmarks første mentornetværk for unge iværksættere i alderen 13-17 år.

I 2024 har Julius også lanceret sin helt egen fodboldfan-is, og senest har han deltaget i Løvens hule, hvor han fik to løver med på holdet.

Læs mere på www.juliusbod.dk

Oliver – startede som 15-årig

Oliver startede i 2023 sin egen virksomhed, Simple Clean, som tilbyder indvendig rengøring af biler.

I virksomheden tjener han nok til at kunne lægge 3.500 kr. til side hver måned, som han investerer i aktier.

Læs mere om Oliver på instagram hos ungeinvestorer.dk

Foto: Oliver

Casper Blom – startede som 12-årig

Som barn kørte han legevognen rundt og solgte æg fra familiens høns og æbler fra haven samt havde job som avisbud.

Foto: Casper Blom

Som 12-årig lavede han web-shoppen billigegolfbolde.dk.

Han fiskede brugte golfbolde op af søer og solgte dem videre med fortjeneste. Som 20-årig omsatte han for over 25 millioner og blev kåret til iværksætterprisen "Årets Unge Håb". Efter 10 år solgte han virksomheden og har sidenhen fortsat iværksættereventyret med adskillige part-nerskaber, hvor han bl.a. har investeret i Soundboks.

I dag er Casper direktør for Reshopper – Danmarks største markedsplads for brugt børnetøj.

Læs mere om Caspers iværksættereventyr i hans bog "Just F*ing do it" eller besøg websiden på www.reshopper.dk

Sebastian og Benjamin
– startede som 17-årige

Allerede i en tidlig alder havde de interesse for købmands-
skab, da tvillingerne Benjamin og Sebastian handlede med
Pokemonkort som 12-årige.

Foto: privat

I januar 2023 startede de tøjfirmaet Linenclothing.dk, som
er en webshop, der sælger hørtøj i skadinavisk stil. Siden har
de også startet yderligere to webshops: SteetKickz og Lux
Vintage.

Endvidere har de opstartet et marketingbureau, som i okto-
ber 2023 for alvor tog fart, og hvor de hjælper virksomheder
med at markedsføre sig på TikTok.

De omsætter allerede for millioner, og de vil nu også gerne hjælpe andre unge, der har en drøm om at blive iværksættere.

Derfor har de som noget nyt i 2024 lavet et online-forløb `Ocmamasterclass`, hvor de fra A til Z fortæller, hvordan man starter egen virksomhed.

Læs mere på www.linenclothing.dk, www.streetkickz.dk, og www.ocmamasterclass.com

Sophie Trelles-Tvede, opfinder og iværksætter som 18-årig

Sophie opfandt verdens første spiralformede hårelastik i plastic, "Invisibobble" – en hårelastik, som er behagelig at have i håret.

Foto: Sophie

Virksomhedens hovedkontor ligger i München i Tyskland, og allerede som 27-årig i 2020 havde hun over 100 ansatte og solgte for over 150 millioner i 70 lande. I 2016 blev Sophie optaget på den prestigefyldte Forbes "30 under 30"-liste i kategorien detail og e-handel. En liste over de rigeste og mest indflydelsesrige unge mennesker under 30 år.

Sophie har skrevet bogen "100 millioner håreleastikker og en vodkatonic" og her får du indblik i, hvordan Sophie startede som iværksætter. Du kan også besøge webshoppen på https://de.invisibobble.com.

Lagerbilledet er taget i 2015, da Sophie var 22 år gammel og hendes firma 4 år gammelt. Foto: Sophie

"Den eneste måde at gøre et godt stykke
arbejde på er at elske det, du laver."

Steve Jobs

4. Tjen penge på dine penge

Du kan tjene penge på dine penge. Hm, det lyder da helt skørt, tænker du nok.

Kan man virkelig tjene penge på at have penge? Ja, den er faktisk god nok. Dine penge kan tjene penge til dig, uden at du skal gøre det helt store.

Så selvom der ikke findes pengetræer, så kan du altså stadig få pengene til at gro og blive til flere, og det er jo ret sejt.

Lav din egen pengemaskine

Ligegyldigt om du får penge fra din dåb, tandfeen, jul, faste-lavn, din fødselsdag, fra lommepenge, fra småjobs eller fra dine fantastiske idéer, så kan du få dine penge til at blive til endnu flere penge.

Det er lige meget, om du har lidt eller mange penge. Pen-gemaskinen bliver bygget op på samme måde, og du KAN lave din helt egen pengemaskine.

For at du kan lave din egen pengemaskine, skal du kende en regel, der vil gælde altid i hele dit liv. Reglen er simpel, men ekstremt virkningsfuld, og den vil sikre, at du i fremtiden aldrig vil mangle penge.

Illustrator: Rick Audi

Den gyldne regel

Den gyldne regel er en regel, der stammer tilbage fra tiden med de gamle babyloniere. Babylonierne kendte hemmeligheden om, hvordan man får opsparet guld til at arbejde for sig, så guldet kunne tjene endnu mere guld til dem. Reglen hedder: "Guld kommer let og i store mængder til den, som forstår altid at lægge 10 % til side".

Betal dig selv først

Den gyldne regel betyder, at ligegyldigt om du får penge fra din dåb, tandfeen, jul, fastelavn, din fødselsdag, fra lommepenge, fra småjobs eller fra dine fantastiske idéer, så skal du følge de gamle babylonieres råd og starte med at betale dig selv først med mindst 10 % af det beløb, som du får eller tjener, og det beløb skal spares op og investeres.

Ved at betale dig selv først får du en øget bevidsthed omkring din egen værdi.

DU er den vigtigste i DIT liv. Det er DINE drømme og DIN fremtid.

Du skal altid betale dig selv mindst 10 % (gerne mere), som skal spares op og investeres. Resten af pengene kan du bruge på sjov og eller på noget, du ønsker dig nu eller i den nærmeste fremtid, fx legetøj, slik, Tivoli, Bakken, smart tøj, en ny mobiltelefon, cykel, computerspil, playstation, iPad, apps til telefonen eller noget helt andet.

Sådan kommer du i gang:

Du har brug for 2 sparebøsser. Den ene sparebøsse skal hedde ”Mine drømme”, og den anden sparebøsse skal hedde ”Sjov”.

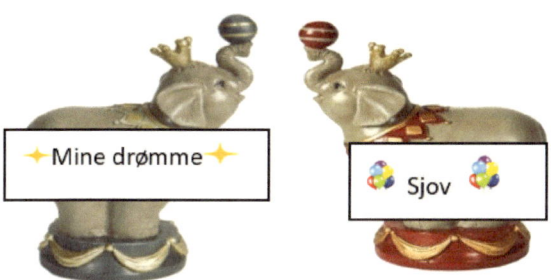

Bankkonti

I stedet for to sparebøsser kan du også få dine forældre til at oprette to bankkonti til dig.

På samme måde skal den ene konto så hedde ***”Mine drømme”***, og den anden skal hedde ***”Sjov”***.

*”Den bedste investering, du kan lave,
er i dig selv.”*

Warren Buffett

Sådan finder du 10 %

Når du får penge i gave eller selv tjener nogle penge, så skal du starte med at finde 10 % af beløbet – du skal altså regne ud, hvor meget 10 % er af det beløb, du har fået.

Hvis du er i tvivl om, hvor meget 10 % er, så er en nem og god huskeregel at flytte kommaet én plads til venstre på dit pengebeløb. Hvis du har lært at dividere, kan du også dividere pengebeløbet med 10, så får du 10 %.

Eksempler

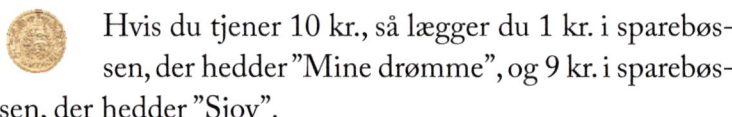

Hvis du tjener 10 kr., så lægger du 1 kr. i sparebøssen, der hedder "Mine drømme", og 9 kr. i sparebøssen, der hedder "Sjov".

Hvis du tjener 100 kr., så lægger du 10 kr. i sparebøssen, der hedder "Mine drømme", og 90 kr., i sparebøssen, der hedder "Sjov".

Hvis du får 1000 kr., så lægger du 100 kr. i sparebøssen, der hedder "Mine drømme", og 900 kr., i sparebøssen, der hedder "Sjov".

Foto: Danmarks Nationalbank

Alle de penge, som du sparer op i sparebøssen "Mine drømme", skal ind i pengemaskinen. Når vi sætter gang i pengemaskinen, hedder det med andre ord, at pengene skal investeres. Pengene skal i gang med at blive til flere.

Renters rente –
det ottende vidunder

Kernen i en pengemaskine er det, man kalder for renters rente.

Renters rente betyder, at de penge, du allerede har tjent på dine penge, **også** begynder at tjene penge.

Det kan godt være, at du tænker, at det lyder mærkeligt alt sammen, og det kan være svært at forstå,

hvordan det hele hænger sammen, men tænk i stedet for på, at det handler om, at dine penge tjener penge

til dig, uden at du skal gøre noget.

"Renter er verdens ottende vidunder. Den, der forstår det, tjener godt på det; Den, der ikke forstår det, betaler for det."

Albert Einstein

Eksempel på renters rente

Du har sparet 1000 kr. sammen i sparebøssen. Du putter de 1000 kr. i pengemaskinen og gør ikke mere.

Du får 10 % i afkast/fortjeneste på et år – dvs. dine penge tjener 100 kr. til dig, uden at du skal lave noget.

Nu har du så i stedet for 1.100 kr. og lader pengene stå.

Næste år tjener du igen 10 % på dine penge – og nu er det 10% af de 1.100 kr., dvs. nu tjener du 110 kr., stadig uden at lave noget

Nu har du 1210 kr. og lader stadig pengene stå uden at gøre noget.

Året efter får du igen 10 % i afkast/fortjeneste – dvs. du tjener nu 121 kr. uden at lave noget

Nu har du så 1.331 kr. uden at lave noget.

Og sådan fortsætter det. Pengene arbejder af sig selv for dig og bliver til flere og flere og vokser, som du kan se her.

Sådan ser det ud, hvis vi sætter det ind i et skema:

Opsparing 1000 kr.	+10 % i afkast (100 kr.)	Du har nu 1.100 kr.	+10% i afkast (110 kr.)	Du har nu 1.210 kr.	+10 % i afkast (121 kr.)	Du har nu 1.331 kr.

"Man bliver ikke rig af de penge, man tjener, men af dem, man ikke bruger."

Henry Ford

5. Sådan sætter du gang i pengemaskinen

Der er forskellige måder, du kan sætte gang i pengemaski-
nen på. Her kommer et par eksempler:

Bankkonto

Hver gang sparebøssen "Mine drømme" er fyldt op, kan du
sætte pengene på en konto i banken. Hvis du har oprettet
en konto, "Mine drømme", så står de allerede på kontoen.

Når dine penge står på en konto i banken, så låner banken
dine penge. "Tak for lån," siger banken og

giver dig til gengæld lidt penge som tak for at låne dem. Det
hedder rente.

Dine penge kan altså stå på en konto i banken og stille og
roligt blive mere værd helt af sig selv.

Det svinger dog meget, hvad banken betaler i rente, og bankerne betaler meget forskellig rente, så man skal lige spørge banken, hvor meget de giver i rente, og så kan man vælge den bank, der giver den højeste rente.

Du kan sammenligne banker og renter på www.mybanker.dk

Selvom banken betaler rente, kan det dog koste penge at have en konto (et gebyr), og der kan også være perioder, hvor banken slet ikke betaler renter for at låne dine penge.

Du kan forvente, at renten nok i gennemsnit ligger helt nede på 0,5 %-1,0 % pr. år, når gebyrer er indregnet.

Derfor er bankkontoen en lidt langsom og kedelig pengemaskine, men så længe du får noget i rente, er det bedre end at have pengene hjemme under hovedpuden.

Obligationer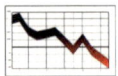

Hvis pengemaskinen skal køre lidt hurtigere, så vil det være godt at tømme sparebøssen og købe obligationer.

Når du køber obligationer, så er det ikke banken, der låner dine penge, men i stedet for en virksomhed, staten eller et realkreditinstitut, der låner dine penge. Som tak for lån får du også her rente – typisk en lille smule mere, end banken giver.

Renten kan svinge lidt op og ned, men i gennemsnit får du mere i rente end i banken, og risikoen er typisk lav, dvs. du har ikke så stor risiko for at tabe pengene igen.

Du kan forvente, at renten i gennemsnit ligger på et sted mellem 1,0 og 3,0 %

Derfor kan obligationer være en bedre start på en pengemaskine end at lade pengene stå i banken.

Pengemaskinen er med obligationer lidt sjovere. En stabil og sikker indkomst, men stadig ikke dér, hvor de store gevinster er.

Aktier

Hvis pengemaskinen skal køre hurtigt, så vil det være en god idé at tømme sparebøssen og købe aktier.

Når du køber aktier, så køber du faktisk en lille del af en virksomhed. De penge, du låner ud til virksomheden, skal de bruge til at få endnu bedre resultater og tjene endnu flere penge, så værdien af virksomheden kan stige, og dine aktier kan blive mere værd. Det er den måde, du tjener penge på aktier.

Aktier kan svinge meget op og ned i værdi – det er det, man kalder kursen. Nogle dage vil dine aktier have en høj kurs og derfor være meget værd, og andre dage vil dine aktier have en lav kurs og være mindre værd.

Derfor er det også en god idé at sætte sig for, at investere i aktier gennem en længere årrække.

Det er først, når du har solgt aktierne, at du kan se, hvor meget du har tjent eller tabt. Det er fuldstændig ligegyldigt, hvor meget kursen hopper op og ned i tidsrummet, fra du køber aktierne, til du sælger dem igen.

I løbet af en periode på 10 år kan du forvente, at dine aktier i gennemsnit bliver 6-8 % mere værd. De penge, du har tjent på aktierne, kalder man for "afkastet". Det er fortjenesten, du har opnået.

Det, der er sjovt med aktier, er, at alt er muligt. Hvis man rammer rigtigt, kan man tjene, så mange procent det skal være, men man kan også tabe lige så meget.

Dygtige og professionelle aktieinvestorer bruger al deres tid på at finde de helt rigtige virksomheder at investere i, hvor de analyserer regnskaber mv. og har fokus på værdien af virksomheden. De køber såkaldte "valueaktier", og det er en klar investeringsstrategi. Derfor kan de ofte også opnå et større gennemsnitligt afkast om året – typisk et sted mellem 10 og 15 %.

Der er en høj risiko ved at købe og investere i aktier, men til gengæld er der også meget mere at tjene end både ved at have pengene i banken og ved at købe obligationer.

Hvis du gerne vil have fuld fart på pengemaskinen og godt kan leve med en høj risiko, så er aktier en god start og en sjovere pengemaskine.

"Markedet er en løs kanon. Derfor er det vigtigste, du kan gøre som investor, at have kontrol over din egen adfærd."

Benjamin Graham

Aktier som hestevæddeløb

Lad mig forklare det lidt nærmere omkring aktier i forhold til noget, du allerede kender, nemlig spil. Man kan godt sammenligne aktier lidt med et spil.

Kender du hestevæddeløb?

Her kan du vælge at spille på en hest, som du tror vil vinde, og du betaler nogle penge for at være med i konkurrencen.

Måske betaler du 10 kr. for at være med og håber, at din hest er hurtigere end de andre heste, så du vinder nogle penge – flere, end du gav for at være med.

Hvis din hest vinder, så får du måske 200 kr., som jo er meget mere end de 10 kr., som du gav for at være med i spillet. Med aktier er det lidt på samme måde.

"Ligesom hestevæddeløb kræver aktieinvestering omhyggelig analyse af løbet, tålmodighed undervejs og modet til at holde fast, indtil du krydser målstregen af økonomisk succes."

Julie Egholm

Eksempel

Du vælger en hest, dvs. en virksomhed, og køber en aktie til nogle penge og håber, at den vinder – altså at den bliver mere værd.

Det kan være, du køber en aktie for 1000 kr.

Når virksomheden i løbet af nogle år har solgt rigtig mange varer og blevet mere værd, så er dine 1000 kr. måske blevet til 5000 kr. Du har altså givet 1000 kr., og de er vokset til 5000 kr.

Du har altså tjent 4000 kr. på din aktie. Det er først, når du har solgt din aktie, at du ved, hvor meget du har tjent. Altså hvor meget afkast/fortjeneste du har fået på din investering.

Det går op og ned

Aktier går op og ned, og du kan sammenligne det med, at hvis den hest, du har satset på, stopper midt i løbet eller begynder at løbe lidt baglæns eller den forkerte vej, så kan hesten sakke bagud og tabe i værdi, men måske bliver den god igen og kan nå at løbe ekstra stærkt på andre tidspunkter.

Aktier – alle kan vinde

Derfor ved du først, hvem der har vundet, når målstregen er nået – altså du ved først, hvad du har tjent, når aktien er solgt igen. Du kan hele tiden holde øje med, hvor godt din aktie klarer sig, og du bestemmer selv, hvornår du vil sælge.

I hestevæddeløb er der dog kun én vinder, men med aktier er det sådan, at alle aktier kan vinde og blive mere værd, så der er ikke kun én vinder.

 Alle aktier kan vinde, og du kan tjene penge på alle dine forskellige aktier, hvis du har flere forskellige.

6. Sådan kommer du i gang med at investere i aktier

Når du er under 18 år, er det din mor eller far, der opretter et aktiedepot til dig, og det koster ikke noget.

Dine forældre kan oprette et aktiedepot til dig fx på <u>www.nordnet.dk</u>. Her vælger du "Opret depot for mindreårig".

Du kan sætte lige så mange penge ind på din børne-aktiekonto, som du vil, og du kan hæve pengene igen, præcis når du vil.

Der er mulighed for, at du som barn kan bruge dit frikort og få nogle skattefordele, alt efter hvad du investerer i, men det er en god idé at spørge ind til mulighederne, dér hvor du opretter en aktiekonto.

Det koster et gebyr, når du køber eller sælger aktier. Det hedder "kurtage". Du kan se priserne, der hvor du køber dine aktier, men det koster typisk 14- 29 kr. at købe danske aktier i kurtage pr. køb.

Hvilke aktier skal du købe?

Ligesom det kan være svært at vide, hvilken hest du skal satse på vinder løbet, så kan det også være svært at vide, hvilke aktier du tror bliver mere værd og derfor skal købe.

Der findes mange forskellige muligheder, og her er nogle forslag til, på hvilken måde man kan købe aktier, og forskellige strategier, man kan vælge at benytte sig af.

"Jeg køber ikke noget, medmindre jeg kan forstå det."

Warren Buffet

 Enkeltaktie

Du kan købe enkeltaktier ud fra hvad du selv tror på kan tjene penge i fremtiden. Det kan være virksomheder inden for medicin, robotter, elektronik, teknologi er noget helt andet.

Med enkeltaktier ved man aldrig hvad der sker. De kan falde meget, men de kan også pludselig stige 20 % fra den ene dag til den anden. Et godt eksempel er Novo Nordisk aktien, der steg på én enkelt dag med 17,26 % i august 2023 på grund af gode resultater med et produkt mod fedme.

Der er dog altid en stor risiko forbundet med enkeltaktier og det kan være en idé, at kigge på C25-indekset, hvis man vil investere i danske aktier, da C-25-indekset er store og velkendte danske virksomheder, der har eksisteret i mange år og derfor, trods op og nedture, sjældent mister al værdi over natten.

Du kan se C25-indekset på fx www.euroinvestor.dk, hvor du også kan holde øje med ændringerne i priserne/kursen på aktierne.

 ## Aktivt forvaltede fonde

Du kan købe aktier i en aktivt forvaltet fond. Det betyder, at der sidder nogle mennesker (fondsforvaltere), som samler, analyserer og vælger aktier, som skal indgå i fonden.

Fondene giver typisk 6 procent i afkast, men det koster typisk 2 procent at få de her folk til at vurdere, hvor der skal investeres. Risikoen er dog ikke så stor for at tabe pengene, da der er lavet et godt forarbejde.

 ## Passive indeksfonde

Der er også noget, der hedder passive indeksfonde. I stedet for mennesker er passive indeksfonde styret af en computer. Når man køber aktier her, vil man investere i flere virksomheder på én gang, og på den måde spreder man sin risiko på flere virksomheder, og risikoen bliver dermed mindre.

I Danmark har man OMX C25-indekset (de 25 største danske aktier), som betyder, at når du køber aktier i dette indeks, så investerer du en lille del i hver af de 25 virksomheder.

Der findes også udenlandske indexfonde, fx Dow Jones index (her investerer du i de 30 største amerikanske selskaber) eller det, der hedder S&P 500 indeks, som er spredt ud på de 500 største amerikanske virksomheder. Risikoen er på samme måde ikke så stor, og det er typisk billigere at lade computeren gøre arbejdet i stedet for mennesker. Giver typisk større afkast end aktivt forvaltede fonde.

"To be an investor you must be a believer in a better tomorrow"

Benjamin Graham

ETF'ere

ETF er en forkortelse for "Exchange Traded Fund", og på dansk hedder det børshandlet fond. Det er altså en fond, som indeholder en samling af aktiver, som handles på Børsen ligesom alle andre investeringsforeninger og aktier.

En ETF er altså også en investeringsfond og meget ligesom en passiv indeksfond. Den er også computerstyret og er sat op til at følge et bestemt marked eller aktieindeks.

Når du køber aktier i en EFT, køber du en lille andel af alle de aktier, som investeringsfonden eller puljen indeholder.

På samme måde spreder man altså også sin risiko, og derfor er risikoen heller ikke så stor, hvis man investerer i ETF'ere, som ved fx enkeltaktier.

Hvad er forskellen på passive indeksfonde og ETF'ere?

I udgangspunktet er de ens i opbygningen, men der er forskel på, hvad du betaler i gebyrer (kurtage), når du køber, og der er forskel på, hvad der skal betales i skat af aktierne.

De har dog begge den fordel, at de historisk set gennemsnitligt giver større afkast end de aktivt forvaltede fonde.

Høj risiko >< høj gevinst

Selvom du spreder din aktieinvestering på aktier i mange selskaber godt og beholder dem i 10 år eller mere, er der altid en risiko forbundet med aktieinvestering og ingen garanti for et bestemt afkast/fortjeneste. Aktieinvestering er forbundet med en høj risiko for at tabe sine penge, men er samtidig også en mulighed for at opnå en stor gevinst.

"Den eneste måde at undgå fejl på er at undlade at tage risici. Og det er den største fejl, du kan begå."

Benjamin Graham

Value-aktier

Value-investering er en investeringsstrategi, der går ud på at finde aktier, som kan købes til mindre, end de er værd. Det vil sige, at aktierne er billigt prissat, men i virkeligheden har en meget større økonomisk værdi, fordi selskabet er meget mere værd, end det ser ud til, og aktierne således i virkeligheden er mere værd, end de lige nu bliver handlet til.

For at finde ud af, om en aktie er en value-aktie, skal der laves en dybdegående fundamental analyse af selskabet, bl.a. regnskaber og nøgletal for at finde ud af, hvor meget virksomheden er værd, og det er et større arbejde.

Fortjenesten, dvs. afkastet. på value-aktier ligger i gennemsnit 4 procent over resten af markedet, dvs. over 10% om året.

Som value-investor tror du også på, at markedet overreagerer på dårlige nyheder (altså når kursen går ned), og derfor vil du kunne købe aktien på tilbud, når kursen er faldet på grund af en dårlig nyhed, og senere forvente en stigning, som du så kan tjene penge på.

De to mest kendte i verden inden for denne investeringsstrategi er nok Warren Buffet og Benjamin Graham. Benjamin Graham døde, 82 år gammel, i 1976, men var Warren Buffets mentor og har skrevet bogen "The intelligent investor", som anses for at være fundamentet for value-investering.

Warren Buffett

Er en amerikansk investor og erhvervsmand og bliver betragtet som en af de mest succesfulde investorer i verden og har i 2024 en nettoformue på over 122 milliarder USD.

Hvad investerer Warren Buffett i?

Ved udgangen af 3. kvartal i 2023 (30. september) har Warren Buffet fordelt sine 5 største aktiebeholdninger på denne måde:

1. Apple (50,04%)
2. Bank of America (9,03 %)
3. American Express (7,22%)
4. Coca Cola (7,15%)
5. Chevron (5,93%)

"Vær frygtsom, når andre er grådige. Vær grådig, når andre er frygtsomme."

Warren Buffett

Jeppe Kirk Bonde

Er en dansk investor, som også følger value-investeringsstrategien og er den mest kopierede investor på investeringsplatformen EToro i dag.

Siden 2013 har han leveret et samlet gennemsnitligt afkast på 24 procent om året.

Foto: Jeppe Kirk Bonde

Jeppes fremgangsmåde er at lave undersøgelser af virksomhederne ned til mindste detalje og sprede sin risiko. Derudover er det et nøgleredskab for ham at lave fundamental analyse, når de undervurderede aktier skal findes.

Jeppe har folk i teamet til at hjælpe sig med analyserne. En tilbundsgående undersøgelse af bare et enkelt selskab tager ca. 6 uger at lave.

Copytrading

Der er over 20.000 mennesker fra hele verden med 50 millioner dollars, som kopierer hver eneste handel, han laver på EToro.

Når man kopierer andre investorers handler, hedder det copytrading.

Sådan kopierer du Jeppe

Hvis du gerne vil kopiere Jeppes handler, skal du blot oprette dig på EToro, finde hans profil ved at søge på "Jeppe Kirk Bonde" og klikke "Copy". Så vil du tage præcis de samme handler som Jeppe, i de samme størrelsesforhold.

På EToro er der også tusindvis af andre investorer med hver deres unikke strategi med handler, som du kan vælge at kopiere. Læs mere på https://www.etoro.com/da-dk/copytrader/

"Prisen er det, du betaler. Værdien er, hvad du får. I den finansielle verden er det ikke blot om at købe og sælge, men om at forstå værdien af det, du investerer i, og lade fornuften lede dine beslutninger."

Benjamin Graham

7. Hvorfor er det vigtigt at investere sine penge?

Det er der flere gode grunde til.

Først og fremmest er der fx inflationen. Inflation betyder, at dine penge bliver mindre værd.

Hvert år stiger priserne i samfundet, og derfor vil man gradvist kunne købe mindre og mindre for sine penge. Med andre ord bliver købekraften udhulet, og dine penge bliver således mindre værd.

Det betyder også, at det er vigtigt, at din opsparing følger udviklingen af priserne. Hvis man bare lader pengene ligge under hovedpuden eller stå på en konto i banken uden rente, så vil pengene bare blive mindre og mindre værd.

Det dummeste er derfor at lade være med at gøre noget med sine penge – altså det samme som at lægge dem under hovedpuden.

Derudover er investering også værktøjet til og måden at skabe en god økonomisk fremtid og dermed frihed til at nå mål og drømme.

Inspiration fra børn og unge, der investerer:

På Instagram kan du finde ungeinvestorer.dk, som er startet af to unge drenge, som selv i en tidlig alder er begyndt at investere i aktier, og som ønsker at motivere og inspirere andre unge til at investere i aktier.

På deres side kan du bl.a. møde:

Bertram, som startede med at investere i aktier, da han var 11 år.

Han startede med at investere i enkeltaktier, bl.a. Ambu, Danske Bank, B&O og Eulos.

Hans portefølje består nu 9 måneder efter af: Danske inv glob indeks akk, s&p global, Ambu a/s, Alk Abello, Eolus vind og benson Hill.

Frederikke på 15 år, som drømmer om at købe en lejlighed.

Hun investerer i enkeltaktier.

Hendes portefølje består af: Novo Nordisk, Danske Bank og Siemens Energy

Oliver på 15 år, som vil være millionær som 22- årig.

Han investerer i investeringsforeninger, ETF'er og enkeltaktier.

Hans portefølje består af: Fond: Sparindex USA Growth (ETF: ishares automation & Robotics EFT: ishares MSCI World

Enkeltaktier: Bank of America, Polestar og Orron Energy

Der er også andre gode profiler på Instagram, som du kan søge inspiration hos, hvis du er interesseret i iværksætteri, penge og investering, bl.a.:

- Unginvestortips
- Unginvestordk
- Ungmedpenge
- Dinpengeguide
- Ivaerksaettere
- Pengemedanders
- Danielspengetips

Tv- programmer

Løvens hule (DR1), som er et TV-program om iværksættere, der søger investeringer til deres forretningsidé, og De Dyre drenge (DR1), som er helt unge iværksættere, som har store drømme.

Iværksætterdrømme?

Ny uddannelse på Niels Brock

Hvis du drømmer om at blive iværksætter, så har Jesper Buch, som er iværksætter, investor og medstifter af Just Eat samt tidligere medvirkende i TV-programmet "Løvens hule" på DR, som noget helt nyt i 2023 opstartet et iværksætter-akademi på Niels Brock i København, hvor man som elev kan starte efter 9 eller 10. klasse. Uddannelsen er målrettet elever, som er ambitiøse omkring deres store drømme om iværksætteri og entreprenørskab.

Efterskole – med fokus på iværksætteri

Vil du på efterskole i 9 eller 10. klasse, og har du samtidig iværksætterdrømme, kan du på flere efterskoler vælge en linje med fokus på iværksætteri, fx Odsherred Efterskole, som har en linje, der hedder OE business (iværksætteri, idégenerering, forretningsudvikling, marketing mv.), eller NNY Entreprenørskab og Design efterskole i Hundested, hvor du kan vælge kompetencefaget "Business", som indeholder Business Model Canvas, idéer/funding, start-up/pitch og markedsføring.

"Vil du være bange for livet, eller vil du tage chancer og se, hvor langt du kan komme?"

Elon Musk

8. Sådan opnår du dine drømme og mål

Måske drømmer du om at købe den nyeste playstation, en mobiltelefon eller en computer, eller måske drømmer du om at rejse på ferie til eksotiske steder med smukke badestrande, palmer og vilde dyr, eller måske er din største drøm at komme til Månen, starte din egen butik, sejle jorden rundt, få dit eget hestestutteri, købe en sej racerbil eller noget helt, helt andet.

Hvad drømmer du om?

Skriv eller tegn din allerstørste drøm eller dit allerstørste mål ned på et stykke papir og gem papiret.

1. Visualisér målet

Så ofte du kan, skal du tage sedlen frem og se på, hvad du har skrevet. Du skal forestille dig, at du har opnået målet.

Hvis din drøm er at sidde på et slot, så forestil dig, hvordan slottet ser ud. Hvad farve har det? Hvordan ser vinduerne og dørene ud? Hvordan ser det ud, når du går ind i slottet? Hvordan ser møblerne ud? Hvad laver du på slottet, og hvem er med dig på slottet? Hvordan dufter det? Og hvad mærker du? Du skal forestille dig, præcis hvordan alt ser ud, og mærke, hvordan det føles at være dér.

Kender du ordsproget "Tanker bliver til virkelighed"?! Det passer nemlig.

"Hvis vi alle gjorde de ting, vi er i stand til at gøre, ville vi bogstaveligt talt forbløffe os selv."

Thomas Edison – opfinder af den elektriske lyspære

2. Tag en beslutning

Start med at tage en beslutning. Beslut dig for at nå et bestemt mål. Du behøver ikke at vide, hvordan du når det. Du skal bare tage beslutningen om at gøre det.

Din vilje er afgørende, og sammen med vedholdenhed vil det betyde, at du nok skal nå målet før eller siden. Sådan har det været for alle i historien, der har opnået store resultater i livet.

Når man har taget en beslutning og holder fokus på målet, uanset at der kommer bump på vejen, så sker der det forunderlige, at forskellige ting kommer til at ske for os, så vi når målet.

Relevante mennesker med bestemte kompetencer, som vi skal bruge, vil dukke op. De penge og øvrige ressourcer, som vi skal bruge til projektet, vil vise sig for os og vil komme fra forskellige kanaler, og de perfekte idéer vil indfinde sig – målet kommer vi til at nå, når beslutningen er truffet, og viljen til at gøre det er til stede.

3. Handle på dit mål

Når du har truffet en beslutning om, hvad du vil, så skal du handle på dit mål.

Hver aften, inden du lægger dig til at sove, skal du skrive 3-6 ting ned, som du kan handle på den næste dag. Det skal alle være ting, som bringer dig tættere på dit mål. Nogle dage kan du måske kan nå en enkelt af tingene, og andre dage kan du nå flere. Men det er vigtigt, at du hele tiden er klar til næste dag.

På den måde sikrer du, at du hele tiden holder fokus og arbejder dig henimod målet.

Fokusér og arbejd på ét mål ad gangen. Når du har nået det fastsatte mål, kan du altid sætte et nyt mål.

"Beslutninger er nøglen til transformation. Når du tager en beslutning, sender du en kraftfuld besked til universet om, hvad du ønsker. Det er den første handling af skabelse, og det markerer begyndelsen på forvandlingen af dine drømme til virkelighed."

Bob Proctor

9. Din største rigdom er dig selv ⭐

Nu ved du, hvor pengene kommer fra, og at de kan komme fra mange forskellige steder.

Din største rigdom er dig selv. Du har din største rigdom indeni i dig selv.

Du har din egen helt private og unikke skattekiste indeni dig. Brug de talenter, du er født med, og åbn op for din indre skattekiste med kreative idéer.

Du skal tro på dig selv og dine drømme og tage en beslutning om at nå målet. Du skal handle på dit mål og gøre det, der skal til, men husk hele tiden at tænke på, hvordan du kan bidrage til og give til andre.

På den måde kan du få dine vildeste drømme til at gå i opfyldelse – drømme, som du ikke engang selv vidste, du havde.

Med den gyldne regel kan du starte din egen lille pengema-
skine, så dine penge begynder at tjene endnu flere penge til
dig, så du kan se frem til et liv med økonomisk frihed og leve
det liv, du drømmer om.

Penge i sig selv har ingen værdi – det er blot et stykke papir
– en energi. Penge er et middel til frihed, så du kan gøre,
hvad du vil, med hvem du vil, hvornår du vil. Den ultimative
frihed, som alle drømmer om, og alle kan opnå, hvis man
kender opskriften – og det gør du nu.

Husk, at du har uendeligt potentiale, og du vil opleve, at
universet vil guide dig til at komme tættere på målet, indtil
du når det, og en dag vil dine drømme blive til virkelighed
– bare vent og se.

*"Vores drømme kan blive til virkelighed, hvis vi
har modet til at forfølge dem."*

Walt Disney

Litteraturliste

"Penge – fra byttehandel til nethandel" af Bent Faurby, Klematis

www.Historienet.dk

www.Monthuset.dk

https://denstoredanske.lex.dk

"Den lille bog om din Økonomi" af Michael Møller & Niels Chr.
    Nielsen, Akademisk Forlag

www.Jobpatruljen.dk

"Den rigeste mand i Babylon" af George S. Clason, Imprimatur

www.Ungmedpenge.dk

www.Ungeinvestorer.dk

Chat GPT – citater

Nordnet.dk

"Giv dit barn gode pengevaner" af Anne Juel Jørgensen, Lind-
    hardt og Ringhof

"De små fagbøger", Penge af Per Østergaard, Gyldendal Uddan-
    nelse

Videnskab.dk

Nationalbanken.dk

Finansdanmark.dk

www.skat.dk

https://www.berlingske.dk/virksomheder/hun-er-27-aar-og-
    saelger-haarelastikker-for-150-millioner af Mette Dalgaard,
    Berlingske Tidende

Kontakt mig og se mere på www.Moneyphant.dk, på Facebook
og Instagram.